CÓMO
MANIFESTAR

Para Murphy y Hamish,
que manifiestan el mejor día
de todos cada mañana.

Título original: *How to Manifest*
Edición: Thania Aguilar
Diseño: Cristina Carmona
Diseño de maqueta: Ana Bjezancevic
Traducción: Estela Peña Molatore
Ilustraciones: Jade Mosinski

Publicado por primera vez en Gran Bretaña por Michael O'Mara Books Limited en 2022

© 2022 Michael O'Mara Books Limited
© 2022 Jade Mosinski bajo licencia de Jehane Ltd, por las ilustraciones
© 2023 VR Editoras, S. A. de C. V.
www.vreditoras.com

México: Dakota 274, colonia Nápoles,
C. P. 03810, alcaldía Benito Juárez, Ciudad de México.
Tel.: 55 5220–6620 • 800–543–4995
e-mail: editoras@vreditoras.com.mx

Argentina: Florida 833, piso 2, oficina 203
(C1005AAQ), Buenos Aires.
Tel.: (54-11) 5352-9444
e-mail: editorial@vreditoras.com

Primera edición
Primera reimpresión: mayo de 2024

ISBN: 978-607-8828-52-4

Impreso en Colombia.

CÓMO
MANIFESTAR

Alinea tus objetivos
con la alquimia del universo

GILL THACKRAY

V&R
EDITORAS

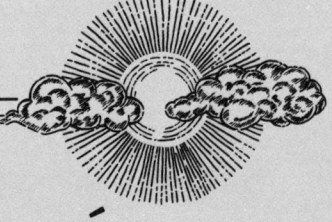

Índice

Introducción
¿Qué es manifestar?

—✦—

Nada ocurre hasta que algo se mueve.
Cuando algo vibra, los electrones
de todo el universo resuenan con él.
Todo está conectado.

ALBERT EINSTEIN

Manifestar no es algo nuevo. Durante miles de años, antiguas y sabias tradiciones en todo el mundo se han dedicado a la práctica de la manifestación. Cuando lo haces, invitas a la ley de la atracción a tu vida. Comienzas a reconocer cómo funciona el universo, que cada uno de nosotros tiene el potencial de crear su propia realidad.

En su forma más simple, la manifestación es la teoría de que somos capaces de trabajar en colaboración con el universo aplicando una serie de principios para dar forma a nuestro mundo. Al establecer la intención de cambiar nuestros pensamientos, sentimientos y acciones, nos convertimos en arquitectos de nuestra propia vida. Cuando aprovechas las prácticas de manifestación, puedes crear las condiciones para transformar tu vida y crear la realidad que deseas.

Nos movemos hacia aquello en lo que ponemos nuestra atención. Cuando manifestamos, podemos reconocer cómo nuestras creencias sobre nosotros mismos, el mundo y lo que merecemos pueden cambiar de forma drástica lo que experimentamos en la vida. Nuestra mentalidad tiene un gran impacto en cómo se desarrolla nuestra existencia. Si tienes una mentalidad fija y negativa y no crees que sea posible cambiar tu forma de vivir, eso es lo que experimentarás. Ahí es donde fluirá tu energía. Encontrarás solo obstáculos, bloqueos y límites. Manifestar es una oportunidad para crear una nueva forma de ver el mundo, para recrearlo.

La mentalidad positiva es poderosa. Con ella se crea una vibración tan potente que atrae experiencias positivas. Al manifestar, alineas tus objetivos con la alquimia del universo.

Cuando entras en ella, te deshaces de tu pasado y creas una nueva y hermosa realidad. A medida que tomas acción, la energía amorosa del universo se eleva a tu encuentro.

Si estás atrapado en la negatividad, puedes cambiar tu historia y tu mentalidad. En ese momento entra la magia de la manifestación, cuando sueñas con una nueva realidad. ¿No me crees? No hace falta que lo hagas en este instante. Aun así, intenta suspender tu juicio y prueba estas prácticas de transformación. No tienes nada que perder, piénsalo como una oportunidad para volver a ponerte en marcha con cualquier objetivo que no hayas logrado y observa qué pasa.

Si manifiesto mis objetivos, ¿me estoy saltando un camino espiritual? ¿Me perderé valiosas lecciones de vida? No. Manifestar es tu oportunidad de alcanzar tu potencial y convertirte en una fuerza impresionante para el cambio en el mundo. Es una herramienta increíblemente poderosa que puedes usar para el planeta y todos sus habitantes.

Esto no significa ser egocéntrico o narcisista. Se trata de reinventarse y transformarse. Dejar de ser un pasajero y volverte conductor. Puedes usarlo desinteresadamente para convertirte en un poderoso cocreador del cambio global. Para dar tu enfoque, tiempo y recursos a los demás. Tal vez te apasione fortalecer tu comunidad, sanar el medio ambiente o ser un activista que cree en el cambio colectivo. Manifestar proporciona un camino práctico para afrontar los retos que el planeta tiene por delante. Puede cambiar el mundo. Depende de ti cómo lo utilices.

Cree que puedes y estarás
ya a la mitad del camino.

THEODORE ROOSEVELT

¿Estoy preparado para manifestar?

Tengo sueños que me inspiran.

◆

No he conseguido mis objetivos
y no sé por qué.

◆

Me siento atrapado
en mi rutina.

◆

Los obstáculos me bloquean.

◆

Necesito renovar mi energía
(y motivación).

Mis creencias limitantes sobre
quién soy y lo que puedo hacer
me frenan en seco.

✦

La gente que me rodea también
tiene creencias limitantes.

✦

Sé que en alguna parte
de mí hay un poder, pero no sé
cómo acceder a él.

✦

Estoy listo para cambiar
mi mentalidad.

✦

Una profunda voz interior
me dice que es el momento.

Manifestar es mucho más que simplemente crear una imagen de lo que quieres en tu mente. Soñar y crear una visión del tipo de vida que quieres es solo una parte de la historia. Pero por sí solo no cambiará mucho. Tienes que ser proactivo y hacer algo con esa proyección. Ahí es donde entra el poder de manifestar. Porque es más que una visión, es pasar a la acción e invocar el poder del universo. Y existen cuatro etapas clave para hacerlo.

Fórmula para manifestar en cuatro etapas

visión

+

mentalidad

+

intención

+

acción

= manifestar tu meta

Una vez que todos estos componentes estén en su lugar, notarás un cambio. Cuando manifiestas, llamas al universo a cocrear contigo.

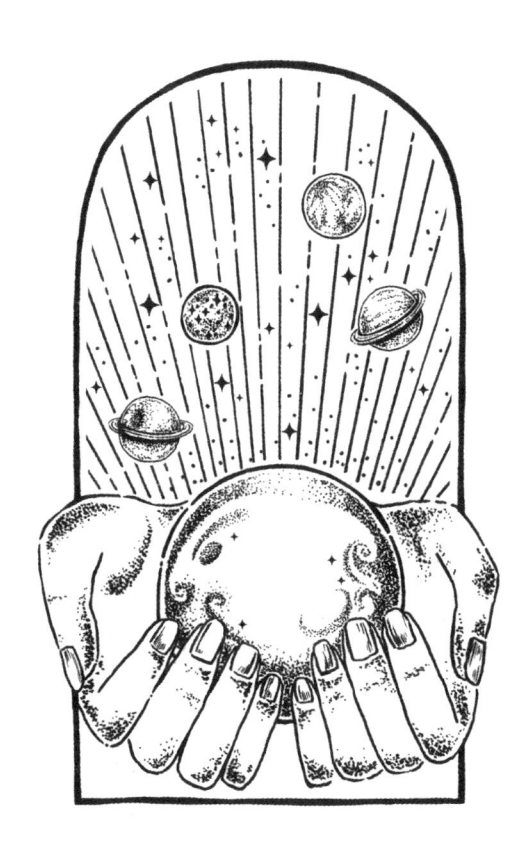

Crea una visión

Enciende una vela y crea un espacio sagrado en el que puedas escuchar a tu yo interior. Reflexiona sobre dónde estás ahora y a dónde quieres llegar. Piensa en las áreas de tu vida que quieres cambiar. Date permiso para soñar en grande. No te limites ni pienses en el cómo por ahora.

Reflexión

Pregúntate cuáles son tus objetivos
en las siguientes áreas:

— Felicidad —

— Propósito superior —

— Comunidad —

— Éxito financiero —

— Relación romántica —

— Retribución —

— Salud física —

— Confianza —

— Compromiso con una causa importante
para ti —

— Carrera profesional —

— Paz interior —

— Protección al medio ambiente —

— Equilibrio en vida laboral y familiar —

Ejercicio
Visualización

Cuando visualizas lo que quieres encarnar, empiezas a cambiar tu vibración, invocas la ley de la atracción. Piénsalo como una poderosa forma de soñar despierto que puedes hacer a diario. Un medio para que lleves tu luz al mundo real. La clave es la práctica constante. Se necesitan unos 60 segundos para visualizar cada objetivo.

1. Busca un lugar donde no te molesten. Respira profundamente tres veces y relaja tu cuerpo.

2. Trae a la mente tu objetivo con claridad. Imagina que está sucediendo aquí y ahora. ¿Qué aspecto tiene? Crea de forma consciente una paleta caleidoscópica de colores positivos, texturas y fondos. ¿Qué escuchas? ¿Hay una banda sonora? ¿Te sientes vital y enérgico?

3. ¿Qué sientes? ¿Entusiasmo? ¿Orgullo? ¿Emoción? ¿Serenidad? ¿Satisfacción? ¿Gratitud?

4. ¿Cómo te tratan los demás? ¿Cuál es el ritmo de tu vida? ¿Qué energías sutiles notas?

5. Tómate el tiempo necesario para percibir todo lo que sentirías, verías y escucharías si ya hubieras conseguido tu objetivo. Sumérgete en la magia de esta nueva realidad.

Si la visualización no es para ti, puedes optar por elaborar un tablero de visión.

Ejercicio
Tablero de visión

Para ello necesitarás revistas viejas con imágenes
que te inspiren, tijeras, pegamento y papel.

1. Dedica tiempo a reflexionar. Enciende una vela y medita sobre tus objetivos. Este es un ejercicio mágico en el que puedes permitirte soñar despierto y sin límites. Sintoniza con el mensaje que tu alma tiene para ti.

✦

2. Utiliza imágenes de revistas antiguas y crea un *collage* de lo que sueñas conseguir. Elige imágenes que te conecten emocional y espiritualmente con tu objetivo.

✦

3. Una vez que hayas hecho tu tablero de visión, entrégate al universo y pide ayuda. Sé receptivo a lo que venga después.

✦

4. Coloca tu tablero de visión en algún lugar destacado e inventa un breve ritual en el que medites sobre él todos los días.

Revisa tu mentalidad

Aquí es donde vas a explorar cualquier vieja historia, hábitos mentales inútiles o desgastados y creencias limitantes en torno a tus objetivos. Todos tenemos momentos en los que el síndrome del impostor nos golpea y estamos convencidos de que no somos lo bastante buenos o inteligentes. No eres el único. No hay nada malo en ti. Todo el mundo se siente así de vez en cuando. Lo que marca la diferencia es cómo respondes a esos pensamientos. Las personas que consiguen sus objetivos no están hechas de otra pasta. Simplemente han aprendido algunas cosas sobre cómo gestionar esos sentimientos. Así es como empezarás a reconstruir tu autoestima.

Pregúntate lo siguiente:

¿Cómo es mi narrativa interior
en torno a este objetivo?

✦

¿Qué historias me estoy contando?

✦

¿Dónde me estoy frenando?

✦

¿Qué nuevas historias puedo soñar?

✦

¿Qué tipo de trabajo interior me siento
llamado a emprender?

✦

¿Cómo puedo alinear mis pensamientos
con mi objetivo?

Ejercicio
Enmarca los pensamientos con afirmaciones positivas

Investigadores de la Universidad de Queens, en Toronto, descubrieron que una persona promedio tiene alrededor de unos 6 500 pensamientos al día. Y todos son una oportunidad de manifestación que no debes desperdiciar. Tu cerebro no sabe la diferencia entre lo que es real y lo que es imaginado, solo sabe lo que le dices. Tus pensamientos dan forma a tu mundo, así que es importante ser consciente de ellos.

Una vez que sepas qué piensas y cuáles son tus "historias", podrá parecer que tu crítico interior se sale de control, pero recuerda que el marco puede ser positivo o negativo. Cuando enmarcas tus pensamientos de forma consciente, empiezan a trabajar a tu favor en lugar de en tu contra, desbloqueando tus dones. A continuación te muestro cómo.

Conciencia

Trata de sentir curiosidad por tus pensamientos. Empieza a observarlos cada día (requiere práctica). En cuanto "atrapes" uno, examínalo.

Claridad

Pregúntate: ¿este pensamiento me hace avanzar hacia mi objetivo? ¿No estás seguro? La clave está en tus palabras. Cualquier pensamiento que incluya "no puedo", "no lo haré", "debería" o "nunca" te va a limitar. Si la respuesta es no, pregúntate: ¿cómo puedo reformularlo?

○ ○ — Enmarca de nuevo — ○ ○

Toma tu pensamiento y enmárcalo con positividad. Utiliza el tiempo presente, como si ya tuvieras confianza en tus habilidades y capacidades, sin limitaciones. Por ejemplo: la frase "No soy lo bastante bueno para encontrar un trabajo bien pagado" se centra en lo que no tienes. Emana de un lugar de escasez y eso es lo que mantiene nuestra energía atascada.

Así que vamos a potenciar esa afirmación y a cambiarnos a un lugar de confianza, como si ya hubieras conseguido tu objetivo. Usa "Yo soy/estoy" en lugar de "Voy a", "Yo quiero" o "Me gustaría ser/estar". "Llegar a ser" es un proceso continuo. Usa: "Estoy muy capacitado y soy digno de un trabajo que me paga todo lo que quiero y más".

Siente

Explora tu cuerpo. ¿Qué ocurriría somáticamente si sintieras que eso se vuelve realidad? Incorpora esa frecuencia. Entra en ella y siéntela en cada célula. Sumérgete en ti mismo.

Entrega ese nuevo pensamiento al universo

Dilo en voz alta. Tú eres la única persona que puede hacer que esto suceda.

Establece una intención

Concentrarte en lo que no quieres te deja atrapado en tu antigua mentalidad. Reformula tu intención de una forma que sea positiva y tu energía seguirá tu nuevo enfoque.

Ejercicio
Establece tu intención

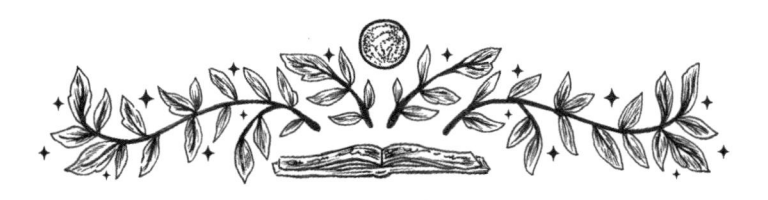

Para esta actividad necesitarás una pluma y papel.

1. Piensa en tu objetivo. Recuerda que debes ser flexible. Las intenciones implican entregarse al universo. Es posible que la ley de la atracción te traiga algo mucho mejor de lo que estás soñando y no querrás perdértelo por ser demasiado rígido.

2. Escribe tu intención. Por ejemplo: "Tengo confianza en mí mismo y soy asertivo".

3. ¿Qué tienes que hacer para conseguirlo? Puede que decidas asistir a un curso de asertividad o leer un libro sobre cómo aumentar la confianza.

4. Reflexiona a diario sobre tus intenciones. Esto te ayudará a mantenerte centrado y a conectar emocionalmente con la ley universal de la atracción en tu viaje sagrado de manifestación.

Traza el mapa de tu intención con acciones

Prepárate para embarcarte en un viaje increíble. Es momento de ser proactivo y colaborar con el universo. Confía en que te abraza, te apoya y crea a tu lado mientras diseñas un mapa para hacer tu sueño realidad. Recuerda que debes ser flexible: quién sabe adónde te llevará el viaje. Si tu objetivo es grande, divídelo en pasos más pequeños.

¿Qué es lo que puedo hacer hoy
para apoyar mi intención?

¿Qué objetivos puedo establecer que impliquen
una diferencia para lograr esta intención?

¿Quién puede ayudarme? ¿Con quién puedo hablar?

¿Qué recursos tengo a mi disposición?

¿Qué puede obstaculizarme o hacerme
perder el camino? ¿Cómo puedo superarlo?

¿En qué áreas de mi crecimiento personal
debo centrarme?

¿Cómo puedo desarrollar mis recursos personales
(apoyo social, resiliencia, habilidades
y conocimientos)?

¿Cómo puedo hacer que estos pasos
formen parte de mi rutina?

Construye objetivos MARTE
Medibles, **A**lcanzables, **R**ealistas, **T**emporales, **E**specíficos

Por ejemplo, la intención "quiero estar más en forma" no está enmarcada en lo positivo ("quiero" viene de un lugar de carencia) y no sigue la técnica MARTE. No es específico y no podemos medirlo. La intención "Estoy en forma, sano y contento con mi cuerpo" podría desglosarse en los siguientes puntos de acción:

Comeré cinco porciones de fruta
y verdura cada día.

✦

Me comprometo a no comer carne
todos los lunes.

✦

Haré ejercicio durante 45 minutos,
tres veces a la semana: los lunes,
miércoles y sábados.

✦

Practicaré un ritual de visualización
durante tres minutos cada día para
entrar en la imagen de un cuerpo
en forma, sano y feliz, y encarnar
realmente ese estado.

Escribe tus objetivos y termina con una oración al universo.

"Confío en el universo.
Gracias por estar de mi lado
en este viaje".

Recuerda que es probable que tus objetivos se modifiquen radicalmente a medida que las cosas cambien. Conforme vayas transmutando las creencias que antes te frenaban (¡adiós, viejas creencias!), surgirán sueños más grandes y audaces. En un año, apenas reconocerás a la persona que eras antes, así que es lógico que tengas que ajustar la dirección y flexibilizar tus ambiciones en consecuencia.

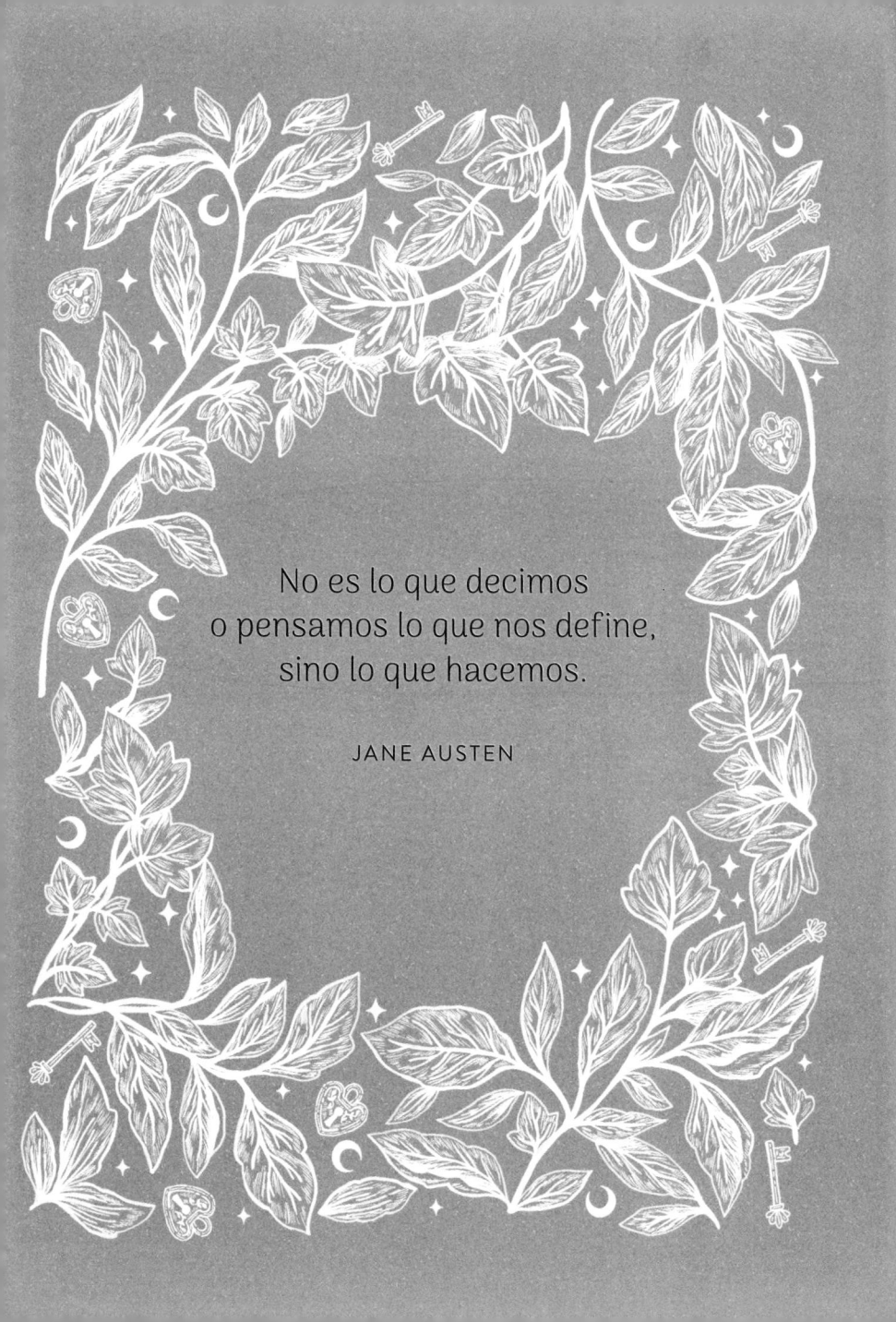

No es lo que decimos
o pensamos lo que nos define,
sino lo que hacemos.

JANE AUSTEN

Colabora
con el Universo

Cualquier cosa que puedas hacer o soñar,
comiénzalo. El atrevimiento tiene genio,
poder y magia.

JOHANN WOLFGANG
VON GOETHE

A veces somos nosotros quienes nos ponemos un freno. Nos interponemos en nuestro camino pues creemos que "aún" no estamos preparados. Esperar el día en que nos sintamos lo suficientemente buenos, inteligentes, delgados (o cualquier cosa que se te ocurra para seguir con la lista) es una táctica engañosa. Un mito urbano. Ese día no existe. Tenemos que estar de nuestra parte para llegar a donde queremos ir, desde donde estamos ahora. El monólogo crítico no se alinea con lo que estás manifestando. Una mentalidad fija generará desarmonía y te mantendrá atascado.

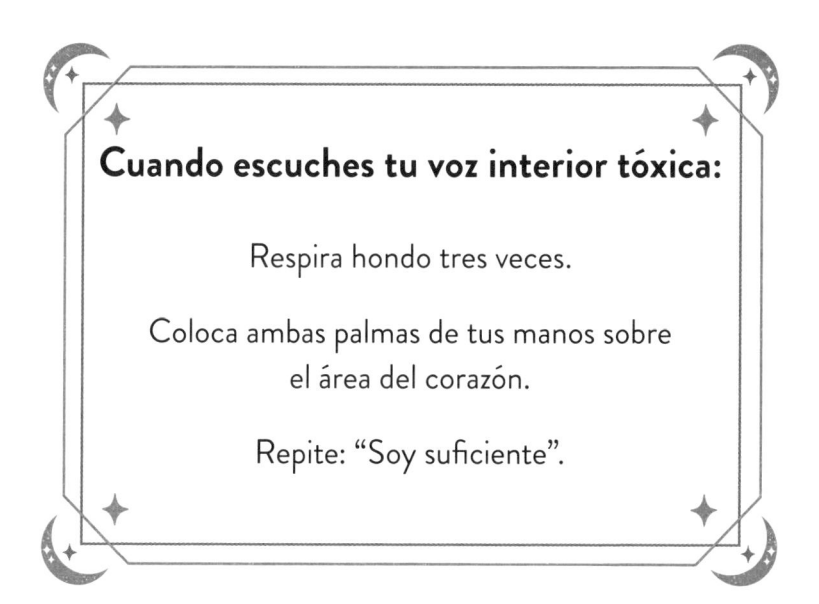

Cuando escuches tu voz interior tóxica:

Respira hondo tres veces.

Coloca ambas palmas de tus manos sobre
el área del corazón.

Repite: "Soy suficiente".

La transformación mística solo puede ocurrir cuando dices
"sí" y le das tu consentimiento. Para crear junto a la hermosa
y divina energía del universo, debemos dar ese primer paso.
Eso significa profundizar, dejar atrás esos viejos sentimientos
de no ser lo bastante bueno (que ni siquiera son ciertos).
La colaboración significa aprovechar tu más alto potencial
consciente, reconocer la extraordinaria abundancia que hay
y pasar a la acción. Comienza tu viaje único y observa cómo
las fuerzas del universo conspiran para ayudarte a manifestar.

Desarrolla una mentalidad de manifestación

Una mentalidad positiva es abierta. Atrae oportunidades y conexiones en el mismo nivel positivo. Una mentalidad de manifestación reconoce que el cambio no ocurre de forma instantánea. Al comenzar tu viaje, es importante que te mantengas dispuesto a aceptar lo que el universo te envíe, en lugar de apegarte con rigidez a tus propias ideas preconcebidas sobre cómo es algo.

Lo cierto es que tu cerebro tiene un sesgo de negatividad. Nuestros antepasados evolucionaron así para sobrevivir y evitar el peligro, pero esto también puede actuar en nuestra contra. El cerebro es una de las herramientas más increíbles que tienes. Solo tienes que saber cómo utilizarlo. Como en cualquier viaje, habrá altibajos y sorpresas. Se necesita tiempo para reconstruir los viejos patrones de pensamiento. Y aunque tendrás días en los que volverás a caer en el pensamiento viejo y limitado, no pasa nada. En esos momentos, necesitarás recargar tu campo energético para renovar y mantener tus vibraciones positivas.

Si alguna vez te has fijado un objetivo y te has quedado sin batería en algún punto del camino, sabrás lo importante que es la energía.

Ejercicio
Recarga tu campo energético

Para manifestar es crucial permanecer abierto al flujo de este ejercicio. La conexión con la tierra te ayudará a sentirte más centrado, tranquilo y en control. También te ayudará a desarrollar una relación con las energías creativas del universo, lo que te conectará con tu destino.

Crea un ritual energético diario en el que te vincules con la tierra. Elige algo de la siguiente lista para empezar:

Encuentra un espacio de meditación. Necesitas crear tranquilidad y calma. Escucha tu guía interior, los mensajes del universo y cuál es el siguiente paso en el camino de tu destino.

✦

Registra. Incorpora un diario a tu jornada. Escribe tus pensamientos, sentimientos e inspiraciones.

Conéctate físicamente a la tierra. Ponte de pie e imagina que tienes raíces que se extienden profundamente en el piso desde las plantas de tus pies. Visualiza que tus raíces se adentran en la tierra y se encuentran con las de los árboles, las rocas y la tierra húmeda, hasta llegar al corazón de la Madre Tierra. Mantente quieto y siéntete conectado, sostenido y apoyado por ese amor divino.

Camina por la naturaleza y conecta con tu entorno. Desarrolla una caminata de meditación ecológica mientras escuchas a los pájaros, la brisa y las hojas que crujen con el viento.

Utiliza una palabra o frase para anclarte.

"Soy amado,
soy un hijo del universo".

Adopta el método 369

Este método se le atribuye al físico e inventor serbio Nikola Tesla, quien creía que los números tres, seis y nueve tenían un significado profundo y universal. Los patrones de estos dígitos aparecen en las matemáticas, el arte, la naturaleza y en todo el universo. El método 369 te anima a revisar tus objetivos a lo largo del día, reforzándolos y manteniendo tu enfoque. Recuerda que avanzamos hacia aquello en lo que ponemos nuestra atención y este método mantiene tus aspiraciones en primera línea.

Escribe tu objetivo. Por ejemplo: "Quiero una pareja cariñosa que comparta y apoye mis metas". Hazlo tres veces por la mañana, seis veces por la tarde y nueve veces por la noche. Repite el método durante 45 días. Pon una alarma como recordatorio hasta que hayas incorporado el método 369 a tu día como un hábito.

Tarot

Debido a malentendidos y a viejos mitos, muchas personas se sienten incómodas al utilizar las cartas del tarot. Su lectura es una antigua práctica mística utilizada en muchas culturas, que se remonta al siglo xv. Piensa en las cartas como una herramienta para enfocar tu pensamiento, lo que te permitirá acceder a la sabiduría divina mientras exploras un objetivo o asunto particular que quieres manifestar.

La mayoría se basa en la popular baraja de Rider-Waite creada en 1909, pero hoy en día encontrarás una gran cantidad de modelos bellamente ilustrados que representan una variedad de metáforas, símbolos y arquetipos. Las cartas se dividen en dos categorías: 22 arcanos mayores y 56 arcanos menores. En una baraja de tarot hay 78 cartas, mientras que las barajas de oráculo pueden tener cualquier número de cartas. Elige una con la que te sientas intuitivamente atraído.

Ejercicio
Tirada de una carta

Si no conoces tu baraja, puedes comenzar muy simple tirando una sola carta para familiarizarte con ella. Puedes usarla para cualquier tema que surja en tu vida, para obtener información sobre tu desarrollo personal, tus relaciones y tu carrera, o simplemente para saber en qué centrarte el mes que viene. Tú decides.

1. Piensa en uno de tus objetivos de manifestación y comienza a aprovechar tu sabiduría interior. Haz una pregunta abierta, por ejemplo: "¿En qué debo centrarme con este objetivo?" o "¿Qué necesito saber sobre este objetivo?". Tendrás mejores resultados si evitas las interrogantes que solo se responden con "sí" o "no". Escribe tu pregunta en un papel y guárdalo.

2. Calma tu mente y elimina cualquier discurso negativo sobre el tema. Deja de lado las ideas preconcebidas que puedas tener en torno a tu objetivo. Medita sobre tu pregunta y baraja las cartas.

3. Tradicionalmente, el mazo se corta después de barajar. Puedes cortarlo y volver a colocar las dos mitades juntas o dejarlas en dos montones separados.

4. Elige una carta al azar. No intentes racionalizar una respuesta. Conecta con tu intuición y sabiduría interior para interpretarla. No hay respuestas correctas o incorrectas. Permanece en silencio y escucha lo que se te presenta.

5. Al ver la carta, ¿cuál es tu impresión inicial? Si, por ejemplo, sacas el Mago, observa lo que sientes al ver la imagen por primera vez. Reflexiona sobre los detalles que adviertes. ¿Tienes alguna sensación en el cuerpo, como algún sentimiento de alegría o paz o de emoción?

Nunca es demasiado tarde
para ser lo que
podrías haber sido.

GEORGE ELIOT

Ejercicio
Tirada de tres cartas

Una tirada es un patrón para colocar las cartas que se sacan. La forma en que se colocan crea una dinámica única, que conecta y produce la lectura. Cada una representa un ángulo o perspectiva diferente en relación con tu pregunta. Hay muchas disposiciones diferentes, pero vamos a empezar con una sencilla tirada de tres cartas.

1. Crea un espacio sagrado para trabajar. Asegúrate de estar en un lugar tranquilo, en donde no te

molesten. Céntrate de cualquier manera que te funcione, ya sea meditando, relajándote o escuchando música. Colócate en posición neutral, reduciendo el parloteo interior para fomentar una energía tranquila, imparcial y receptiva.

2. Trae a tu mente el objetivo o asunto. Piensa en tres preguntas que se relacionen con él. Por ejemplo, si tu inquietud gira en torno a tu carrera, las preguntas podrían ser:

¿Cuál es el propósito de mi vida?

¿Qué dones poseo?

¿Qué necesito desarrollar?

3. Baraja el mazo y córtalo. Elige al azar tres cartas y colócalas boca abajo en una fila.

Carta uno = ¿Cuál es el propósito de mi vida?

✦

Carta dos = ¿Qué dones poseo?

✦

Carta tres = ¿Qué necesito desarrollar?

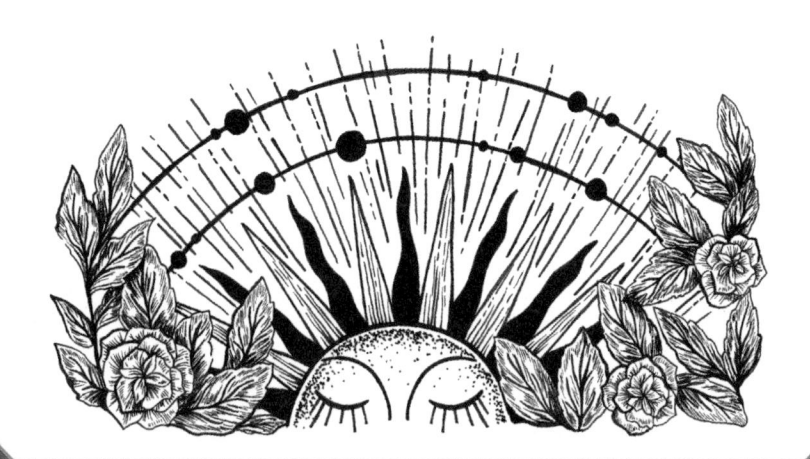

4. Voltea una carta a la vez. Pregúntate: ¿qué noto? ¿Qué siento? ¿Qué me dice mi intuición sobre esta carta en relación con mi pregunta? Utiliza todos tus sentidos para conectar contigo mismo. Si no estás familiarizado, también puedes consultar su significado en internet o en el libro que acompaña a la mayoría de los mazos. Considera tus preguntas mientras interpretas cada una.

5. Toma notas a medida que volteas cada carta e investigas su significado. Una vez que hayas trabajado con las tres, tendrás tu propia lectura para ayudarte en tu viaje de manifestación.

Conecta con tu aliado de la naturaleza

— ✦ —

Las antiguas tradiciones de sabiduría celta consideraban a los aliados de la naturaleza como guías espirituales en forma natural, que te protegen y apoyan en tu viaje por la vida. Pueden presentarse como cualquier componente de la naturaleza: plantas, árboles, piedras, lagos, ríos, montañas, elementos o animales. Tu aliado está ahí para ayudarte a explorar y desarrollar tu potencial. Es una relación especial. Estos pueden revelarse en meditaciones, visiones, sueños, viajes chamánicos o como una sensación vívida.

Tu relación con tu aliado es sanadora. A través de él conectas con tu poder innato, con lo que te estás convirtiendo. Estos aliados te ayudan a lo largo de tu vida, no solo cuando manifiestas. Descubrirás que son maestros increíbles, que a menudo revelan tu lado oscuro o iluminan los bloqueos que necesitas trabajar para manifestar tus objetivos. Desarrollar una relación con tu aliado de la naturaleza mientras manifiestas te ayudará a dar un paso adelante en tu propio poder y a reimaginar tu destino.

Ejercicio
Viaje para conectar con tu aliado de la naturaleza

Tu aliado de la naturaleza puede sorprenderte. Según las costumbres, no eres tú quien lo elige, sino él quien te elige a ti. Deja de lado cualquier idea preconcebida sobre el aliado que te gustaría tener y prepárate para que te sorprenda.

1. Crea un diario para tu aliado de la naturaleza y escribe tu intención de conectar con él.

2. Busca un espacio seguro y tranquilo donde no te molesten, ya sea en la naturaleza o en el interior.

3. Ponte cómodo. Relaja tu cuerpo. Si te sientes bien con ello, cierra los ojos.

4. Visualiza un lugar en la naturaleza donde te sientas cómodo y seguro. Este es el lugar donde comenzarás tu viaje. Observa un camino sagrado, camina por él y siente cómo tus pies conectan con la tierra. Llegas a un hermoso bosque, huele el aroma de las agujas de pino en el aire. Los árboles están rodeados de montañas serenas. Entras en un claro tranquilo.

5. Siéntate en la hierba y pide a tu aliado de la naturaleza que venga a ti. Presta atención con todos tus sentidos. Si una forma natural se acerca a ti, pregunta: "¿Eres mi aliado de la naturaleza?". Si la respuesta es negativa, no pasa nada. Sigue esperando. Si la respuesta es afirmativa, pregúntale si tiene algún mensaje para ti.

6. Una vez terminada la conversación, regresa por el camino sagrado, llevando contigo a tu aliado. Si no llega ninguno, no pasa nada. Vuelve a viajar otro día. Recuerda que puede llevar tiempo.

7. Registra tu encuentro y los detalles de tu viaje en tu diario. Notarás señales de tu aliado natural que aparecen en tu vida, así que anótalas también.

8. Desarrolla una relación personal con tu aliado, trabaja con él de forma regular para descubrir lo que tiene que enseñarte.

El comienzo
es siempre hoy.

MARY WOLLSTONECRAFT

Rituales de luna llena

La Abuela Luna apoya tu crecimiento y tu creatividad. Piensa en la luna llena como una fuente de energía cuando se trata de manifestar. Es una oportunidad enormemente poderosa para conectar con el universo y establecer nuevas intenciones. Es un momento de liberación, de limpieza, de dejar ir, de recibir y de dar gracias a esa energía suprema de la Diosa. Un momento de empoderamiento.

Ejercicio
Ceremonia de fuego de luna llena

Una ceremonia de fuego es un ritual sagrado. Y una que incluye a la luna llena puede ser una forma poderosa de liberar el miedo y el diálogo interno negativo. Puede ayudarte a dejar ir lo que ya no necesitas.

Además de purificar, es una oportunidad mensual para invitar a nuevos pensamientos, sentimientos y comportamientos, y para llamar a una transformación profunda y permanente.

Si puedes celebrar tu ceremonia al aire libre, bajo la mirada de la luna, verás que tiene una dinámica increíblemente especial. Si no tienes acceso a un espacio exterior, puedes realizarla al interior con una vela.

Lo que necesitarás:

Ceremonia en interiores: una vela, un encendedor y unos palillos o cerillos.

Ceremonia al aire libre: un encendedor, tres varas y un recipiente metálico para el fuego. Un asador o un recipiente de aluminio funcionan bien. Comprueba que el espacio sea seguro para encender una fogata.

Si estás en el exterior, ten a la mano un balde de agua por si tienes que apagar el fuego.

Establece tu intención para la ceremonia

¿Qué quieres dejar atrás? ¿Las heridas del pasado?
¿Las dudas sobre ti mismo? ¿Las opiniones de los
demás? ¿La ira? ¿Hay algo de lo que quieras despedirte
o perdonar? ¿Hay una parte de ti que necesita sanar?

Me libero de...

¿Qué te gustaría invitar a tu vida? ¿Una motivación
renovada para tus objetivos? ¿Más impulso? ¿Ideas
inspiradoras? ¿Conexiones significativas? ¿Hay algo
que quieras para tu comunidad o para el planeta?

Invito a entrar...

¿Qué agradeces? ¿Tus éxitos?
¿El apoyo que has recibido del universo?
¿Alguna lección que hayas aprendido?

Estoy agradecido por...

1. Siente la poderosa energía femenina de la luna: su intensa y sanadora luz plateada que te ilumina. Respira el aire fresco de la noche. Relájate. Ábrete a cualquier lección que la luna tenga para ti. Siente cómo se expande tu conciencia.

2. Con reverencia, observa el fuego parpadear y brillar. Conecta con tu energía ancestral mientras miras el fuego. Permanece en el momento.

3. Cuando sientas que es el momento, toma una de las ramas (o un palito de madera si estás al interior). Colócala entre tus manos, llévala a los labios y susúrrale todo por lo que estás agradecido. Ahora entrégala al fuego. Da las gracias al universo por apoyar tu viaje.

4. Ahora toma otra rama. Colócala entre tus manos, llévala a tus labios y deposita en ella lo que quieres liberar. Entrégala al fuego.

5. Toma la última varita. Colócala entre tus manos, llévala a tus labios y sopla todo que te gustaría invitar a tu vida. Devuélvela al fuego como ofrenda para la Madre Tierra.

6. Si te es posible, es tradicional permanecer junto al fuego hasta que las llamas se reduzcan a brasas incandescentes. Si no puedes, utiliza el agua para apagar las llamas (o apaga la vela si estás en el interior). Da las gracias al fuego antes de abandonarlo.

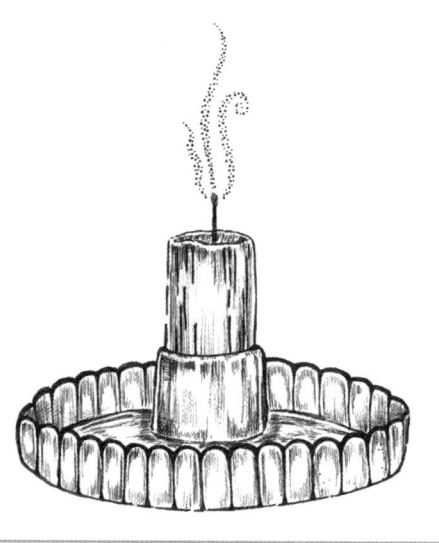

Manifestación con chakras

Los chakras son centros de energía en el cuerpo. Pronunciado *cha-kruh* en sánscrito, este término significa "rueda giratoria" o "disco". Hay ocho chakras principales en el centro del cuerpo, que van desde la base de la columna vertebral hasta la coronilla. Cada uno se abre en la parte delantera y trasera del cuerpo. No puedes verlos ni tocarlos, pero sentirás la diferencia cuando estén alineados. De esta forma tu prana, o fuerza vital, corre libremente por tu cuerpo. Muchas culturas reconocen que hay cientos de chakras o meridianos de energía en el cuerpo, sin embargo, hay ocho principales.

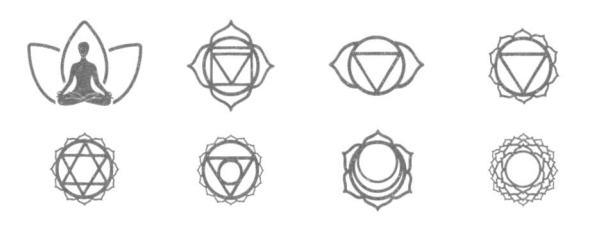

Los ocho chakras principales:

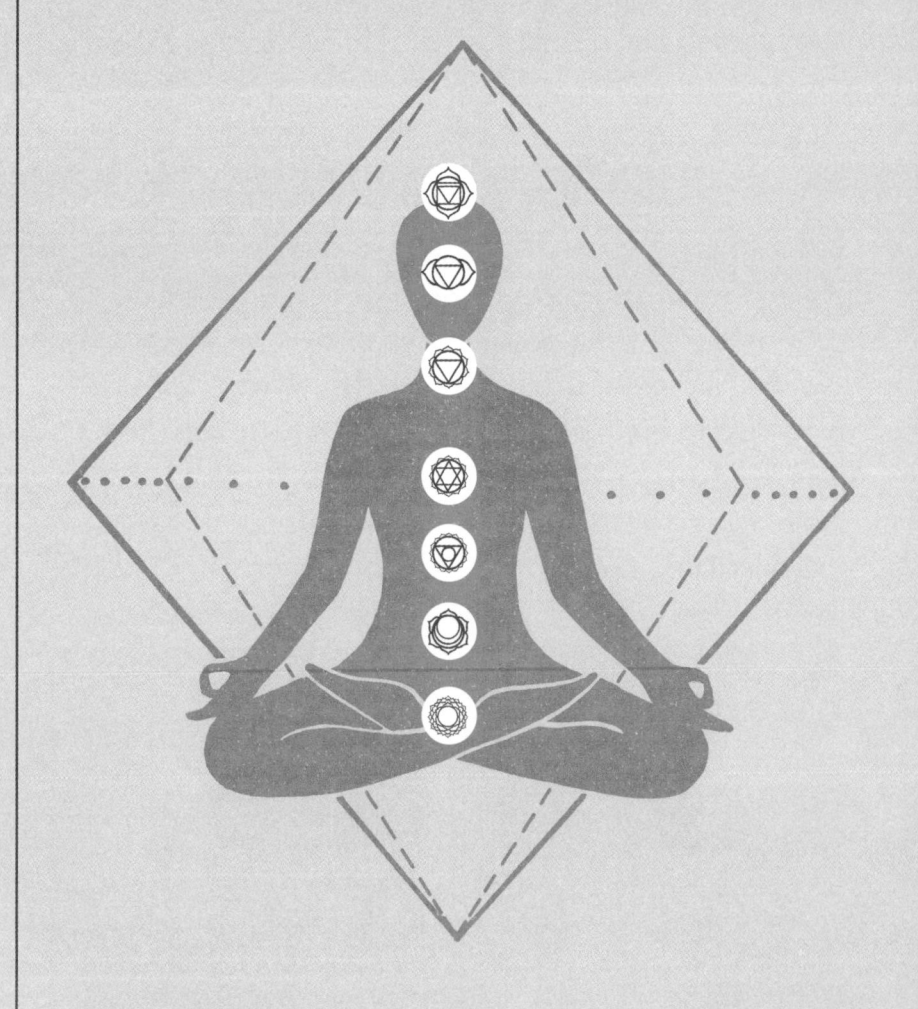

 **8. Chakra del alma (Murdhanta). Blanco.** Tu conexión espiritual con el universo, la sede del alma.

 **7. Chakra de la coronilla (Sahasrara).** Blanco o violeta. Conectado con la espiritualidad y el propósito.

 **6. Chakra del tercer ojo (Ajna).** Índigo. Relacionado con la intuición y el instinto.

 **5. Chakra de la garganta (Vishuddhi).** Azul. Vinculado a la comunicación y a tu poder de manifestación.

 **4. Chakra corazón (Anahata).** Verde. Vinculado al amor, la compasión, el perdón y la intimidad.

 **3. Chakra del plexo solar (Manipura).** Amarillo. Responsable de la confianza, la autoestima y la seguridad.

 **2. Chakra sacro (Svadhisthana).** Naranja. Relacionado con la creatividad, el placer y las emociones.

 1. Chakra raíz (Muladhara). Rojo. Responsable de la seguridad, la confianza y el arraigo.

Los chakras pueden desequilibrarse debido a un prana (energía) rancio o pesado causado por pensamientos, acontecimientos vitales, recuerdos o emociones. Cuando esto ocurre, los chakras pueden quedar hiperactivos o hipoactivos, lo que afecta tu bienestar. Si hay energía estancada en uno de ellos, notarás un desequilibrio físico o emocional.

Puedes restablecer el equilibrio en tus chakras con meditación, yoga y visualización. Cuando nuestros chakras giran libres y abiertos, nuestra mente, cuerpo y espíritu se equilibran. Al comprenderlos, puedes trabajar con estos centros energéticos para conservarlos abiertos y alineados, lo que mantiene tu flujo de energía. Si están abiertos, notarás que esta, además de tu bienestar y narrativa interior, se optimiza junto con tu capacidad de manifestación.

Ejercicio
Visualización del equilibrio de los chakras

Esta meditación limpiará y balanceará tus chakras para activar tu potencial energético.

1. Ponte de pie con los dos pies apoyados en el suelo. Exhala e imagina que de ellos salen raíces plateadas que se adentran en la tierra. Estas viajan y alcanzan a las de los árboles, pasando por encima de las rocas a medida que se adentran más y más en la tierra, enraizándote también.

2. Imagina una hermosa flor blanca que flota a unos cinco dedos por encima de tu coronilla. Visualiza los pétalos abriéndose en un hermoso loto. Este es tu chakra del alma, que crea un puente entre tú y el universo.

3. Lleva tu atención a la parte más alta de tu cabeza. Conjura la imagen de una flor blanca o violeta de mil pétalos. Este es tu chakra de la coronilla. Observa cómo la flor se abre hasta que cada pétalo se ha extendido.

4. Ahora lleva tu atención a la frente. Imagina una flor índigo ahí, abriendo sus pétalos. Este es tu chakra del tercer ojo.

5. A continuación, lleva tu atención a la garganta. Visualiza una flor azul brillante, de color turquesa, que se abre: es tu chakra de la garganta.

6. A medida que avanzas hacia abajo, ves una flor verde que empieza a desplegarse en tu pecho. Este es tu chakra corazón.

7. Ahora muévete hacia el abdomen. Observa cómo se despliegan los pétalos de una flor amarilla. Este es tu chakra del plexo solar.

8. A continuación, al dirigir tu atención justo debajo del ombligo, ves que se abre una flor naranja: tu chakra sacro.

9. Por último, te diriges a la base de la columna vertebral y observas el florecimiento de una flor roja. Este es tu chakra raíz.

10. Vuelve al loto blanco, justo en la parte superior. Tu octavo chakra. Imagina una luz blanca, pura y radiante que desciende desde el universo. Inspira mientras sientes que la luz fluye hacia abajo, a través del loto blanco, hasta tu chakra de la coronilla.

11. Sigue la luz conforme ilumina cada chakra, uno por uno. El chakra del tercer ojo, el de la garganta, el corazón, el del plexo solar, el sacro y el raíz. Sientes cómo desciende suavemente hacia cada uno, circulando, entrando en cada célula de tu cuerpo con su energía curativa. La luz se expande y comienza a acumularse en cada uno hasta desbordarse.

12. A medida que la luz se encuentra con nodos de energía estancada, los impregna con suavidad y disuelve y limpia todo lo que ya no necesitas. Todo lo que ya no te sirve.

La rueda del año

- ✦ -

La rueda del año celta, la rueda de la vida o el calendario sagrado es un antiguo símbolo que observa las estaciones del año. Honrada por muchas culturas, se presenta en diversas formas que representan la salud, el equilibrio y la curación espiritual en el viaje de tu alma por la vida. Este círculo metafísico es continuo y puedes elegir recorrerlo muchas veces para conectar con tu potencial.

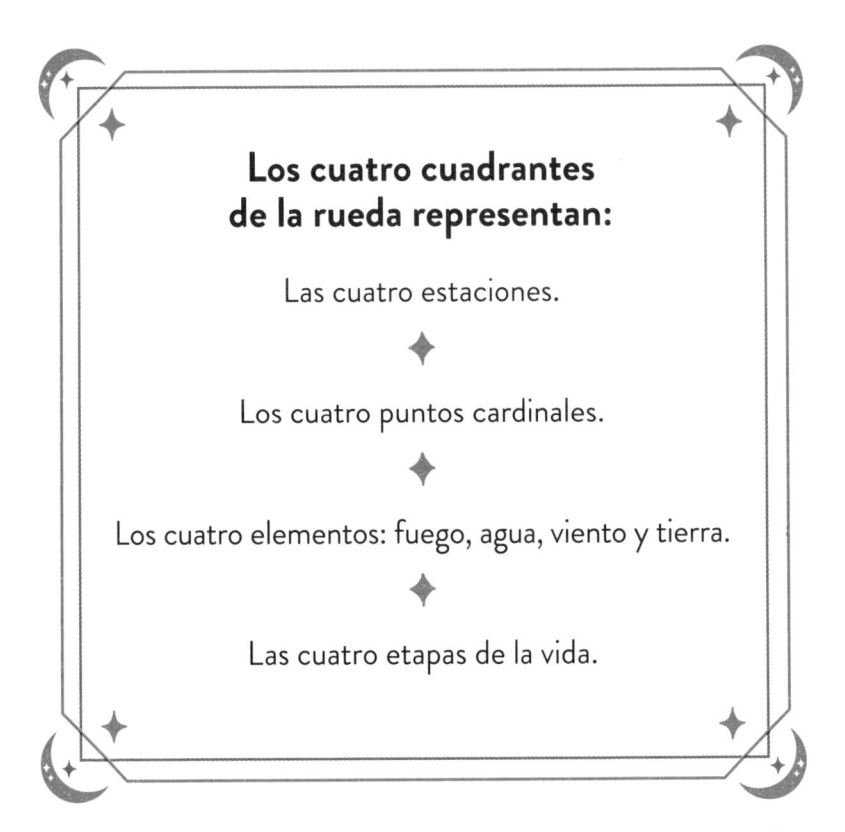

Los cuatro cuadrantes de la rueda representan:

Las cuatro estaciones.

Los cuatro puntos cardinales.

Los cuatro elementos: fuego, agua, viento y tierra.

Las cuatro etapas de la vida.

La rueda nos conecta con la tierra, con los elementos, las estaciones y el universo divino, al tiempo que nos instruye mientras caminamos en cada dirección. Al amplificar nuestras intenciones, simboliza el círculo de la vida y las cuatro partes de nosotros mismos: espiritual, emocional, psicológica y física. Todos estos aspectos personales deben estar en equilibrio cuando manifestamos.

Ejercicio
Construye la rueda del año

Piensa en la rueda como un mapa, un camino de sabiduría hacia tu auténtico yo. Este ejercicio tiene tres propósitos.

Crear un espacio sagrado
que te conecte con el universo.

◆

Ayudarte a conocerte a ti mismo, tus
motivaciones, tus puntos fuertes, tus áreas
de desarrollo y tu propósito mientras trabajas.

◆

Proporcionarte un espacio físico
donde puedas conectar con tu sabiduría divina.

Reúne algunas piedras para delimitar tu círculo. Hazlo grande para que te puedas sentar o caminar dentro de él. Usa una brújula o una aplicación para saber dónde están el norte, el sur, el oeste y el este: los puntos cardinales. Crea una sección para cada una de las cuatro direcciones.

Norte/invierno = paisaje interior
Momento de regeneración, planificación, establecimiento de nuevos propósitos y objetivos.

Este/primavera = siembra
Nuevos comienzos. Alimentarse y nutrirse.

Sur/verano = tiempo de abundancia y luz
Gratitud por los cambios positivos y por dejar ir lo que ya no se necesita.

Oeste/otoño = descanso y renovación
Gratitud por recorrer el camino del alma.

Céntrate. Alinéate con la naturaleza.

Camina en dirección al norte/invierno

Conecta con la energía reflexiva del norte. ¿Qué puede enseñarte sobre tu paisaje interior? ¿Qué cambios quieres trabajar a nivel interno? ¿Qué es lo que ya no te sirve para manifestar? ¿A qué nuevas intenciones y objetivos darás vida en este tiempo de regeneración y creatividad? Es el momento de empezar a planificar.

Tómate un momento para conectar con la energía primaveral del este

¿Hay algún mensaje para ti aquí? En esta dirección plantarás semillas prácticas que ayudarán a mantener el impulso de la manifestación. ¿Cómo puedes nutrirte y cuidarte? ¿Quieres hacer cambios en tu dieta, intensificar tu rutina de ejercicios o tener más tiempo de descanso para recargarte? Esto podría incluir pasar tiempo en la naturaleza y conectar con la Madre Tierra, o tal vez rezar, cantar, utilizar ceremonias o rituales. Incluso puedes decidir plantar un poco de amor en la tierra del universo por medio de voluntariado, practicando actos de bondad al azar o haciendo algo por el medio ambiente. Dar algo a cambio forma parte del equilibrio universal, de la reciprocidad. Lo que das regresa a ti.

Una vez completado el este, siéntate o mantente de pie en dirección al sur/verano

Conecta con la abundante energía que hay ahí: ¿tiene un mensaje para ti? Pregúntate: ¿qué he conseguido? ¿Cómo puedo permanecer conectado con el viaje de mi alma? ¿Hay patrones emocionales que quiero dejar ir? ¿Bloqueos que quiero liberar y superar? Un aspecto muy importante a desarrollar en esta dirección puede ser poner límites claros, vivir conscientemente y decir tu verdad.

Avanza hacia la energía otoñal del oeste

¿Cómo se siente aquí? Reflexiona sobre el descanso y la renovación, cómo puedes mantener tu equilibrio emocional. Por ejemplo, creando una estrategia para cuando las cosas no salgan según lo previsto. Aprender más sobre la resiliencia y la mentalidad es otra forma de honrar tu viaje sagrado y permanecer en el camino.

Trabaja con los elementos de la rueda

Los elementos ofrecen la oportunidad de explorar tu viaje interior con la rueda. Puedes recorrerla muchas veces, no hay principio ni fin, es un viaje de por vida, un ciclo interminable. En cada viaje aprenderás algo nuevo: sobre ti mismo, sobre el mundo y sobre el espíritu del universo que se encuentra en el centro.

Norte/tierra

Este elemento rige la abundancia, el arraigo y la sabiduría. Reflexiona sobre cómo te conectas a la tierra. ¿Con quién y con qué lo haces? ¿Apoyan tus objetivos? ¿Estás rodeado de un sustento sólido y fértil? ¿Proporcionas lo mismo a los demás? A medida que crezcas, reconoce tu sabiduría interna y reclama tu poder personal.

Este/aire

Aquí se encuentra el ámbito cognitivo. Conectar de forma profunda con él da vida. ¿Tienes claros tus objetivos? ¿Tu mundo exterior refleja tu mundo interior? ¿Tus pensamientos, palabras y acciones reflejan la energía que quieres crear?

Sur/fuego

Relacionado con la transformación, la espiritualidad y la pasión. Mientras caminas por este mandala antiguo y universal, conéctate con el cosmos. ¿Qué evoca la pasión en ti? ¿Cuál es el propósito de tu vida? ¿Cómo puedes nutrirlo, alimentar la llama? Si quieres purificar y desprenderte de viejos hábitos, ofrécelos al fuego, agradecido mientras te transformas, empezando a arder con fuerza en el mundo.

Oeste/agua

La esfera de las emociones, la intuición y la compasión. Riega las semillas de tus objetivos futuros al hacerte consciente de tus emociones. Sin juzgarlas, fíjate en la información que contienen. Crea un espacio para el silencio, poniendo atención de forma regular al susurro de tu intuición. ¿Qué te dice? ¿Estás en flujo o podrías beneficiarte de revisar tus objetivos a medida que te vas convirtiendo?

Agradece al universo antes de salir de tu rueda. Visita los elementos siempre que necesites recargar o reflexionar sobre algo nuevo en tu viaje de manifestación.

Cultiva la gratitud

Para manifestar es fundamental reconocer lo que ya tienes a medida que avanzas en tu viaje. Las investigaciones han demostrado que, además de potenciar tu bienestar, la gratitud diaria te mantendrá en una actitud positiva. Aunque no alcances tus objetivos de la noche a la mañana (es probable que así suceda), es importante dar las gracias al universo por cada paso que des todos los días.

Ejercicio
Diario de gratitud

Investigadores de la Universidad de Pennsylvania en Estados Unidos han descubierto que llevar un diario de gratitud mejora el bienestar y el optimismo. Dos atributos que son clave en tu viaje de manifestación. He aquí cómo cultivar más gratitud.

Crea un diario de gratitud. Comprométete
a escribir en él todos los días.

Tu diario de gratitud será único para ti y marca
tu viaje personal. Hazlo tuyo. Al final de cada día,
escribe tres cosas por las que estés agradecido.
Pueden ser grandes ("¡Conseguí ese ascenso!")
o pequeñas ("Hoy brilló el sol").

Sé específico. Concéntrate en las personas,
los actos de amabilidad y consideración que
sucedieron a lo largo del día. Mientras escribes,
haz que esos momentos cobren vida y disfrútalos
de verdad.

En los días en los que te sientas decaído
y con dificultades, escribir en tu diario
es aún más importante.

Manifiesta
a conciencia

- ✦ -

Durante la manifestación, necesitas permanecer enfocado. La atención plena nos ayuda a estar en el momento presente y ser conscientes de lo que ocurre mientras sucede. Cuanto más atento estés, más empezarás a notar lo que requiere tu atención, los cambios sutiles y los encuentros fortuitos.

También puedes utilizar el mindfulness, o método de la atención plena, para controlar tu diálogo interior y ser más amable, más compasivo y menos crítico cuando las cosas no van como habías planeado. Cuando ocurre, suele ser fácil perderse en el pensamiento negativo, lo que refuerza los sentimientos de carencia. Nos socializan para creer que no somos suficientes y, cuando fracasamos, se confirma: no somos lo bastante inteligentes, capaces o delgados, o lo que sea que creamos que nos falta, y nos hundimos en la madriguera de la autodestrucción.

Esta meditación te ayudará a volver al camino cuando esas inseguridades salgan a la superficie. Eres suficiente, tal y como eres. ¿Y el fracaso? Bueno, eso es solo información que vas a utilizar en tu viaje.

Ejercicio
Meditación de amor propio consciente

Es posible que tengas la tentación de saltarte este ejercicio: a veces la gente se aleja del concepto de amor propio. Tal vez la mera mención te hace sentir incómodo, o quizás no quieres convertirte en un narcisista. La mayoría tenemos el problema contrario. Solo no nos queremos lo suficiente. Piénsalo así: no puedes servirte nada de una jarra vacía. Lo que no tienes, no puedes darlo. Aprender a amarse a uno mismo, a curar viejas heridas y a aceptar todas las partes que nos conforman es un acto radical que solo puede traer más amor y curación al mundo. Cuando añades amor propio a la mezcla de la manifestación, estás reclamando tu estado natural.

1. Relájate. Cierra los ojos si te sientes cómodo. Enfoca tu atención en tus respiraciones, reduce la velocidad de cada inhalación y exhalación gradualmente. Siente cómo tu abdomen sube y baja.

2. Planta las semillas de un paisaje con calma interior. Coloca tu mano en la zona del corazón. Siente el calor y el toque de tu palma irradiando hacia fuera. Observa la sensación tranquilizadora y nutritiva de ese calor.

3. Enfócate, lleva tu conciencia a lo que necesitas en este momento. Conecta con la poderosa energía y el amor del universo. Regálate las bendiciones de la gratitud, el amor y el perdón. Al exhalar, repite estas palabras para ti mismo:

— Soy suficiente. —

— Cuando las cosas no salen como las planeo, —
lo aprovecho como una oportunidad.

— Creo en mí mismo y en mi capacidad. —

— Estoy agradecido por las lecciones —
que me han traído hasta aquí.

— Estoy seguro de que soy digno. —

— Elijo pensamientos positivos. —

— Confío en mi intuición. —

— Atraigo cosas buenas a mi vida. —

— Dejo de juzgarme a mí mismo —
y de compararme.

— Soy amoroso y amable conmigo mismo. —

— Estoy creando mi propio destino, —
y lo hago cada día.

Cristales
para manifestar

—⟡—

Se cree que los cristales poseen propiedades curativas metafísicas y poderes protectores. Cada uno tiene su propia energía vibratoria. Pueden utilizarse para limpiar la energía pesada, proteger, curar y promover la positividad. También pueden utilizarse para sanar y ayudar a los chakras. Si tienes intención de manifestar en un área específica de tu vida (por ejemplo, atraer una nueva relación), un patrón geométrico de cristales puede amplificar tu objetivo. También puedes sostener un cristal en tu práctica de meditación.

Antes de comprar alguno, respira hondo unas cuantas veces y establece la intención de encontrar el adecuado para lo que quieras manifestar. Puede que te sientas atraído por uno en particular, que alguno te hable. Presta atención a esa intuición, puede que sea las piedras con las que estás llamado a trabajar.

Hay algunos pasos sencillos que debes seguir antes de que tus cristales estén listos para trabajar.

Limpia

Los cristales captan las vibraciones, por lo que conviene limpiar las huellas anteriores antes de empezar. Tradicionalmente, para hacerlo se usa el humo de la salvia o de las varitas de palo santo. También conocido como sahumerio, la popularización de esta práctica se ha convertido en algo controvertido. Existen preocupaciones éticas sobre el uso de prácticas que no forman parte de la propia tradición ancestral sin el permiso de la cultura a la que pertenecen. La sobreexplotación y las cuestiones ecológicas en torno a la sustentabilidad también pueden hacer que su uso sea problemático desde el punto de vista medioambiental. Como alternativa, y para mantener el espíritu de reciprocidad o equilibrio con el universo, te invito a que explores la limpieza con humo de tu cristal utilizando hierbas autóctonas de tu zona geográfica: por ejemplo, hojas de laurel, madera de origen local, incienso o lavanda. Otra alternativa es dejar el cristal a la luz directa del sol durante 24 horas, o limpiarlo bajo el chorro del agua corriente.

Permiso

Pregunta a tu cristal: "¿Tengo permiso para trabajar contigo?". Espera. Si obtienes una sensación de calma, está listo para trabajar contigo. Si no hay sensación de paz, elige otro cristal.

∘ ∘ ➤ **Carga** ➤ ∘ ∘

Coloca tu cristal en el alféizar de una ventana bajo la luna
llena para cargarlo de energía.

⚯ ○ ○ **Programa** ○ ○ ⚯

Aquí es donde enfocas tu energía. Trae a tu mente el tema que quieres manifestar. Establece una intención para el cristal. Si quieres estar más conectado a la tierra, puedes elegir una piedra que se alinee con ese objetivo, como la cornalina, y darle tu intención. Piensa en esta etapa como si cargaras tu manifestación en el cristal. Si quieres curar heridas emocionales, el cuarzo rosa sería adecuado. Sostén tu cristal en la mano y trae tu intención a la mente, visualízala, siéntela, percíbela con todo tu cuerpo.

○ ○ ⚯ **Actúa** ⚯ ○ ○

Recuerda que estás creando junto al universo. Actúa en consonancia con la intención que programaste en tu cristal. Si elegiste una pieza de joyería de cristal, llévala puesta, duerme con ella o métela en tu bolsillo mientras trabajas en tus objetivos.

Propiedades de los cristales

⸺ Cuarzo rosa ⸺

Alineado con el chakra del corazón, el cuarzo rosa promueve el amor, las relaciones y la compasión. Es ideal para curar las heridas emocionales y limpiar la energía pesada para crear un estado receptivo a tu intención.

— Turquesa —

Considerada sagrada por las culturas nativa americana, azteca e inca, la turquesa cultiva la calma interior y protege contra la energía pesada, despejando cualquier fuga emocional. Está conectada con el chakra de la garganta y te permitirá encontrar tu poder, decir tu verdad, aumentar tu presencia y manifestarte.

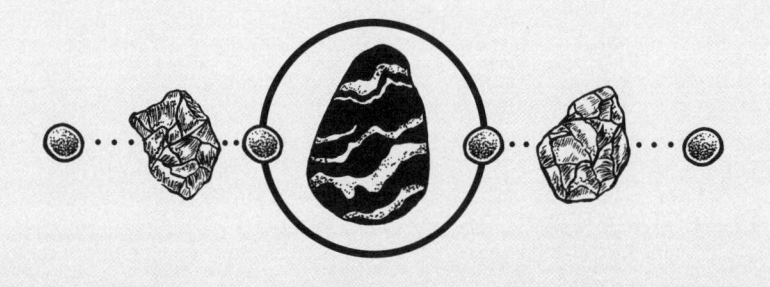

— Cornalina —

Sinónimo de autoestima sana, valor y superación de la envidia, la cornalina se utiliza a menudo para atraer la abundancia y el éxito. Esta piedra se vincula al chakra sacro y se utiliza para el enraizamiento y la estabilidad.

⊸ Cuarzo claro ⊸

Este cristal ha sido usado tradicionalmente por las culturas chamánicas para la curación y para disipar la energía negativa. Es la piedra de la concentración y la claridad, así como de la eliminación del desorden mental. Está asociada con el chakra de la coronilla y acelera la manifestación. La energía del cuarzo claro te ayudará a alinear tus objetivos con tu máximo potencial y a expandir tu conciencia.

⊸ Amatista ⊸

Este cristal es conocido por potenciar la sabiduría interior y la conexión con tu ser divino. Tranquiliza, aporta calma, equilibrio, paz y protección contra los ataques psíquicos. Relacionado con los chakras de la coronilla y del tercer ojo, es la piedra de la espiritualidad.

⇥ Cuarzo ahumado ⇤

Esta piedra transformadora, antaño sagrada para los druidas, promueve la positividad , ayuda a transmutar la negatividad y dispersar la ansiedad. Conectada con el chakra raíz, equilibrará tu energía vital, creando espacio para un cambio significativo. El cuarzo ahumado te conectará con la madre naturaleza, te relajará y te inspirará a actuar.

⇥ Hematita ⇤

Vinculada al chakra raíz, la hematita te enraíza y equilibra, absorbe la energía negativa si te sientes ansioso o dudas de tu capacidad de manifestación.

Ejercicio
Ritual del círculo de cristal

Basado en la antigua sabiduría de la geometría sagrada, este sencillo ritual invocará la sincronización del universo para ayudarte a manifestar. Este círculo canaliza la energía de tus cristales y magnifica tu poder personal.

Puedes construirlo en el interior o, si tienes espacio en el exterior, en un jardín o en el alféizar de una ventana.

Aunque este ritual también funciona con diversas formas (cuadrículas, triángulos, círculos o cuadrados), para este ejercicio acomodarás tus cristales en un círculo.

1. Conéctate a la tierra. Trae a la mente tu objetivo. Elige siete cristales con los que te sientas atraído para trabajar.

2. Baja la velocidad de tu respiración y relaja tu cuerpo. Imagina que la membrana energética entre tú y el cristal se disuelve.

3. Toma cada cristal por turnos y sostenlo en tu mano derecha. Visualiza lo que deseas manifestar. Por ejemplo, si quieres atraer una relación sana y feliz, toma un cuarzo rosa, sostenlo en la mano y visualiza que el amor se mueve hacia ti, fluyendo a través de tu brazo y hacia tu cuerpo. Imagina que el amor entra en cada una de tus células y circula por tus meridianos, los canales y redes que la energía, o fuerza vital, usa para recorrer todo tu ser.

3. Las antiguas tradiciones espirituales han practicado los cánticos durante siglos. Al cantar se entra en un estado de meditación que crea una energía única. Los cánticos son una forma poderosa de enviar tu intención al universo mientras construyes tu círculo con la mente.

4. Crea un canto para tu visualización. Para el cuarzo rosa podrías intentar con:

"Soy amado/a".

6. Una vez que hayas terminado tu visualización, coloca tu cristal en uno de los siete puntos del círculo. Repite con todos tus cristales hasta que la forma esté completa.

7. Dedica un momento con tu círculo de cristal, saborea las emociones y la energía positivas.

Incorpora los cristales
a tu rutina diaria

Coloca tu aro de cristal en un lugar donde puedas verlo a diario. Dedica un momento cada día para activar tu conexión con todos cristales de tu círculo, trae a la mente tu **visión + mentalidad + intención + acción.**

Recuerda que avanzarás hacia aquello en lo que te centres. Esta es una gran manera de desarrollar una mentalidad transformadora.

Crea
límites energéticos

Cuando comiences a manifestar, verás cómo tu propia energía se transforma. Empezarás a atraer todo tipo de ayuda de distintas personas. El universo creará encuentros fortuitos y sincronías que no podrías haber siquiera imaginado.

Pero seamos realistas. A veces, en tu viaje, te encontrarás con detractores que te dirán que tus sueños son inalcanzables. Nuestra cultura puede idealizar el cinismo. Esquivar a estos vampiros de la energía puede ser difícil. Activarán a tu crítico interior y pondrán en duda tu capacidad innata para manifestar. No pasa nada: no te conocen ni saben de qué eres capaz. En realidad, se trata de ellos, de su propia visión limitada del mundo y de su propio miedo al fracaso (o al éxito), no del tuyo.

No necesitas ser un esclavo de la opinión que otras personas tienen sobre ti. Puedes desviar cualquier energía negativa que no desees y se te presente creando límites energéticos. Estos te ayudarán a permanecer imperturbable en tu camino, independientemente de lo que surja.

Ejercicio
Crea un ritual diario para enraizarte

Elige una de las siguientes opciones para empezar:

Medita, camina, siéntate en la naturaleza, duerme bien, permanece en calma

Protege tu salud física y emocional incorporando el autocuidado a tu rutina.

Cristales

Elige uno que transmute la energía pesada. Por ejemplo, el cuarzo ahumado, la turquesa o la obsidiana. Llévalo contigo, o compra un anillo, un dije o colgante con ese cristal, y deja que haga el trabajo de alejar cualquier energía pesada que se te presente.

Limita tu tiempo con las personas que sabes que agotan tu energía

Si eso no funciona, puedes inclinarte por una limpieza energética. Escucha la brújula de tu corazón. ¿Es necesario decir adiós a las personas que has superado a medida que tu viaje de manifestación avanza? Deséales amor y luz, y sigue adelante.

Di "no"

Date permiso para rechazar cualquier cosa y a cualquier persona que no esté alineada con tus objetivos de manifestación (y con tu espíritu).

Establece recordatorios

Dedica un tiempo al día para recordarte tus objetivos (pon una alarma y practica el método 369).

Crea hitos de revisión

El ritual de la luna llena es una poderosa oportunidad para mirar hacia atrás en las últimas semanas, revisar lo que está funcionando, lo que podría no estarlo e introducir nuevos objetivos. Esto te impulsará hacia el destino que estás creando al manifestar.

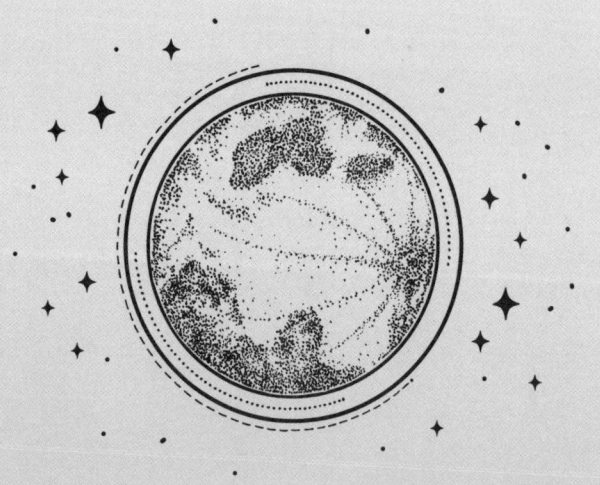

Coloca una pequeña bolsa de sal cerca de tu puerta

La sal se ha usado durante siglos para proteger y absorber las energías pesadas.

Cuando necesites orientación, acude a tu rueda del año y conecta con tu poder superior

Si te encuentras en una situación estresante pero no estás cerca de tu rueda del año, conéctate a las cuatro direcciones desde el lugar exacto en el que te encuentras. Dibuja la rueda en un papel e incluye los puntos cardinales. En cada uno, pregúntate: "¿Qué necesito en este momento?".

Busca una mayor conexión con otras personas de ideas afines

Acércate a una tribu de personas que apoye tus objetivos. Recurre a ella cuando la necesites.

Has llegado al final de este libro y has aumentado tu capacidad de manifestación, pero tu viaje no ha hecho más que empezar. El verdadero trabajo está en la transformación de ti mismo y del mundo que te rodea. Olvídate de las dudas, de la autocensura y de observar desde tus barreras. Manifestar requiere valor. Si ves algo que necesitas cambiar, o quieres ser parte de la solución a los problemas del mundo, ahora es el momento de aprovechar el pozo mágico de tu artista interior. De verdad puedes crear un cambio de conciencia. Entra en el espacio de tu máximo potencial y reimagina tu mundo. Alinea tus objetivos con tu corazón, tu alma y tu yo más elevado y manifiesta cambios magníficos.

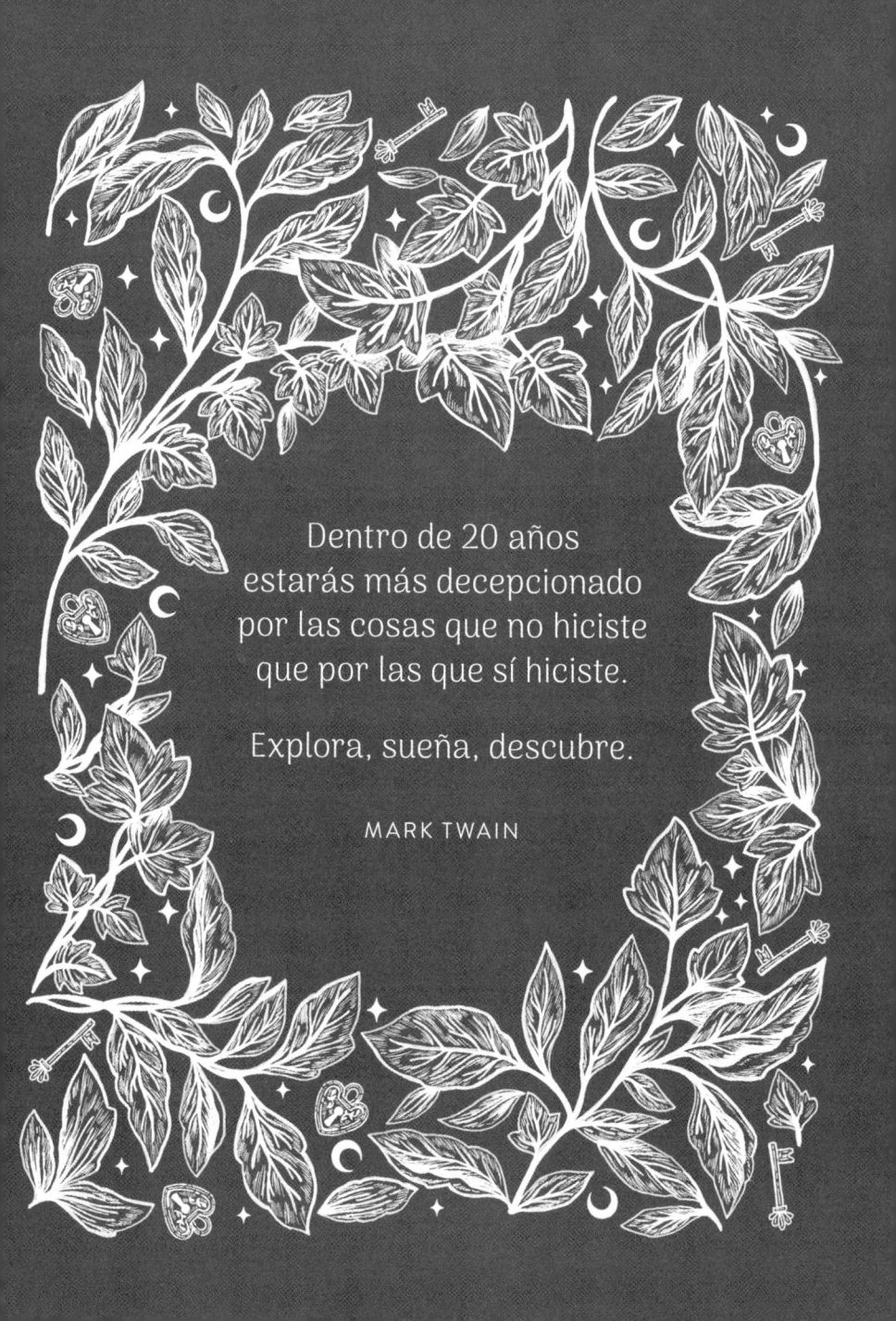

Dentro de 20 años
estarás más decepcionado
por las cosas que no hiciste
que por las que sí hiciste.

Explora, sueña, descubre.

MARK TWAIN

¡TU OPINIÓN ES IMPORTANTE!

Escríbenos un e-mail a **miopinion@vreditoras.com**

con el título de este libro en el "Asunto".

Conócenos mejor en:

www.vreditoras.com

f **○** **VREditorasMexico**

𝕏 **VREditoras**